Der Tierarzt rät

Erste Hilfe beim Kaninchen

Cathrin Geissler

Buch

Tierärztin Cathrin Geissler hat in diesem Ratgeber die wichtigsten Tipps zur Ersten Hilfe beim Kaninchen zusammengefasst.

Es werden Fragen geklärt wie:
Was tue ich, wenn meine Kaninchen sich gebissen haben?
Woran erkenne ich einen Hitzschlag bei meinem Kaninchen?
Was tue ich, wenn mein Kaninchen nicht frißt?

Dem engagierten Kaninchenbesitzer wird ein Ratgeber an die Hand gegeben, mit Hilfe dessen er entscheiden kann, ob ein Tierarztbesuch nötig ist oder ob und wie er selbst tätig werden kann.

Autorin

Cathrin Geissler betreibt seit über zwanzig Jahren eine Kleintierpraxis in Hamburg, seit 2007 zusammen mit einer Partnerin.
Die Fragen zu Erster Hilfe, die ihr im Laufe der Jahre von Kaninchenbesitzern gestellt wurden, hat sie gesammelt und in diesem Ratgeber zusammengefasst.

Der Tierarzt rät

Erste Hilfe beim Kaninchen

von

Cathrin Geissler

ISBN 9783734735288

Copyright

Alle Rechte liegen bei der Autorin

ISBN 9783734735288

Herstellung

Herstellung und Verlag: BoD – Books on Demand, Norderstedt

Herstellung der Knetfiguren

Cathrin Geissler

Umschlagsfoto und sonstige Fotos

Cathrin Geissler

Es ist nicht erlaubt, die Fotos ohne Genehmigung der Fotografin zu verwenden oder zu kopieren.

Umschlaggestaltung und Layout

Cathrin Geissler

Rellingen, 2015

Inhalt:

Copyright   4

Inhalt: 5

Vorwort   7

Wie leiste ich Erste Hilfe und wann muss ich zum Tierarzt gehen?   8
    1.) Was sollte sich in einem Erste-Hilfe-Set für Kaninchen befinden?   8
    2.) Was tue ich, wenn ich eine Kralle zu kurz geschnitten habe und es angefangen hat zu bluten?   8
    3.) Was tue ich, wenn sich meine Kaninchen gebissen haben?   9
    4.) Woran erkenne ich, ob mein Kaninchen einen Hitzschlag bekommen hat?   9
    5.) Was tue ich, wenn mein Kaninchen einen Hitzschlag bekommen hat?   10
    6.) Woran erkenne ich, ob mein Kaninchen einen Schock hat?   10
    7.) Was tue ich, wenn mein Kaninchen Schnupfen hat?   11
    8.) Was tue ich, wenn mein Kaninchen Atemnot hat?   12
    9.) Mein Kaninchen hat Durchfall. Was soll ich tun?   12
    10.) Was tue ich, wenn mein Kaninchen einen Fliegenmadenbefall hat?   13
    11.) Was tue ich, wenn mein Kaninchen eine Zecke hat?   13
    12.) Was tue ich, wenn mein Kaninchen Würmer hat?   14
    13.) Was tue ich, wenn der Bauch meines Kaninchens aufgebläht ist?   14
    14.) Was tue ich, wenn sich mein Kaninchen einen Zahn abgebrochen hat?   14
    15.) Was tue ich, wenn mein Kaninchen unter dem Bauch nass ist oder es keinen Urin mehr absetzen kann?   15
    16.) Was tue ich, wenn meine Häsin Scheidenausfluss hat?   16
    17.) Meine Häsin ist in der Geburt und presst schon eine längere Zeit, ohne dass ein Junges geboren wird. Was soll ich tun?   17
    18.) Was tue ich, wenn man Kaninchen Augenausfluss hat?   17
    19.) Was tue ich, wenn sich bei meinem Kaninchen das Auge grau gefärbt hat und sich das Auge vorwölbt?   18
    20.) Was tue ich, wenn mein Kaninchen den Kopf schief legt?   18
    21.) Was tue ich, wenn bei meinem Kaninchen ein Abszess (Eiterbeule) aufgegangen ist?   18
    22.) Was tue ich, wenn mein Kaninchen humpelt?   19
    23.) Was tue ich, wenn mein Hase seine Hinterbeine nicht mehr bewegen kann?   20
    24.) Was tue ich, wenn mein Kaninchen nicht frisst?   20
    25.) Wie führe ich die Zwangsernährung bei meinem Kaninchen durch?   20

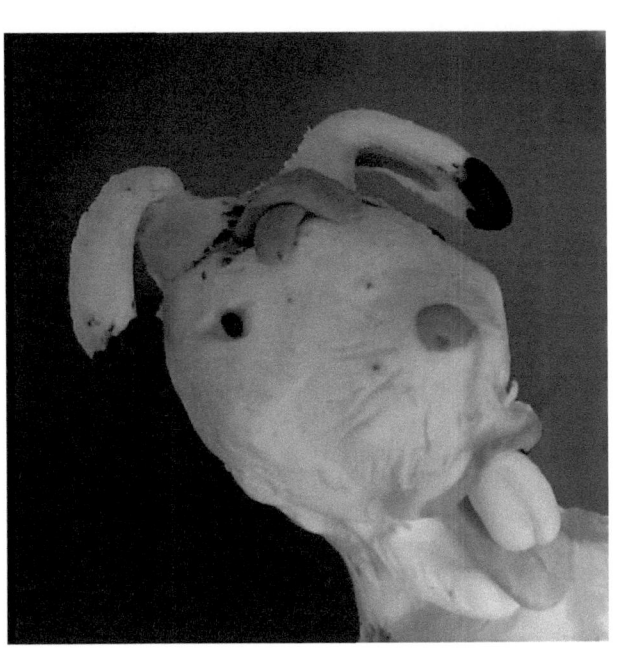

Vorwort

Liebe Leserin, lieber Leser!

Dieses Buch greift Fragen zur Ersten Hilfe beim Kaninchen auf, die ich im Laufe meiner über zwanzigjährigen Praxiszeit häufig gestellt bekommen habe.

> **Dieser Ratgeber soll und kann einen Tierarztbesuch nicht ersetzen!**

Es soll Ihnen aber das Rüstzeug an die Hand geben, zu entscheiden, wann ein Tierarztbesuch nötig ist.

Was dieser Ratgeber **nicht** leistet:

- Antworten auf spezielle Fragen zur Krankheit Ihres Kaninchens, die ohne eine Untersuchung des Tieres nicht beantwortet werden können, werden Sie hier nicht finden.
- die Empfehlungen zu den Therapien sind absichtlich allgemein gehalten, weil nur von einem Tierarzt nach Untersuchung des Tieres (eventuell sogar erst nach weiterführenden Laboruntersuchungen) die konkrete Therapie festgelegt werden kann. Dies bedeutet, dass nicht bei jedem Tier alle hier beschriebenen Therapiemöglichkeiten zum Einsatz kommen müssen.

Ich wünsche Ihrem tierlichen Familienmitglied „Gute Besserung!" beziehungsweise „Bleib gesund!" und Ihnen viel Spaß mit diesem Ratgeber.
Ihre

Cathrin Geissler

P.S. In dem Ratgeber ist von „Tierarzt", bez. „Besitzer" die Rede. Natürlich sind damit auch Tierärztinnen und Besitzerinnen gemeint. Für den besseren Textfluss sind sie aber nicht jedes Mal erwähnt.

Wie leiste ich Erste Hilfe und wann muss ich zum Tierarzt gehen?

1.) Was sollte sich in einem Erste-Hilfe-Set für Kaninchen befinden?

- ein Mittel zur Blutstillung (gibt es beim Tierarzt)
- ein Wunddesinfektionsmittel
- Einmalspritzen (5 oder 10 ml) zur Zwangsernährung
- Babybrei (Sorte Apfel oder Karotte) oder Pulver zum Anmischen eines Breis für die Zwangsernährung
- Fieberthermometer
- Rotlichtlampe
- Zeckenzange

2.) Was tue ich, wenn ich eine Kralle zu kurz geschnitten habe und es angefangen hat zu bluten?

Schneidet man einer Kralle ins " Leben", fängt es relativ stark an zu bluten.
Aber keine Sorge: Daran wird Ihr Kaninchen nicht verbluten!
Wenn man sich in weiser Voraussicht beim Tierarzt ein Mittel zur Blutstillung besorgt hatte, wird dieses mit einem Wattestäbchen mindestens 1 Minute lang auf die blutende Kralle gepresst. Hat die Blutung dann noch nicht aufgehört, muss der Vorgang mit einem frischen Wattestäbchen wiederholt werden.
Ansonsten wird das Tier auf ein sauberes Handtuch gesetzt. Die Blutung wird nach einiger Zeit von selbst aufhören. Wenn man ein Mittel zur Wund-Desinfektion im Haus hat, kann man dieses jetzt auf die Kralle tupfen.
Erst wenn die Blutung aufgehört hat, wird das Tier wieder zurück in den Käfig gesetzt.

3.) Was tue ich, wenn sich meine Kaninchen gebissen haben?

Zunächst einmal sollte das Ausmaß der Bissverletzungen festgestellt werden. Dazu wird ein Tier nach dem anderen aus dem Käfig genomen und gründlich (auch von unten) untersucht. Zur Erstversorgung können die Wunden mit Kamille (Kamillentee nach Anweisung kochen und auf Zimmertemperatur abkühlen lassen) ausgewaschen werden. Ist ein Wund-Desinfektionsspray im Haus, wird dieses bis zur Abheilung drei bis sechsmal täglich aufgesprüht.

Werden klaffende Wunden entdeckt oder beginnen die Wunden trotz Desinfektion zu nässen oder übel zu riechen, ist der Tierarzt aufzusuchen.

> **Achtung! Im Zweifel sollte man das Kaninchen bei seinem Tierarzt vorstellen!**

4.) Woran erkenne ich, ob mein Kaninchen einen Hitzschlag bekommen hat?

Bei einem Hitzschlag schafft der Körper es nicht, die von außen zugeführte Wärme abzuleiten. Da Kaninchen in freier Natur in Bauen leben und dämmerungsaktiv sind, liegt ihr Temperaturoptimum bei ca. 18° C. Kaninchen können nicht wie z.B. Menschen oder Pferde schwitzen, um sich durch die entstehende Verdunstungskälte abzukühlen.

> **Außentemperaturen über 25° sind als potentiell lebensbedrohlich einzustufen!**

Der Wärmestau macht sich durch folgende Symptome bemerkbar (wobei nicht immer alle Symptome auftreten müssen):

- flache, schnelle und angestrengte Atmung
- schneller Herzschlag
- Aufregung oder Apathie
- das Tier ist nicht ansprechbar

- Zittern der Muskeln / Muskelkrämpfe
- Schock (siehe auch:" <u>Woran erkenne ich, ob mein Kaninchen einen Schock hat?</u>")

5.) Was tue ich, wenn mein Kaninchen einen Hitzschlag bekommen hat?

Ein Hitzschlag ist ein lebensbedrohlicher Zustand und muss sofort behandelt werden!

- das Tier muss sofort an einen kühlen Ort gebracht werden!
- durch das Auflegen von nassen Handtüchern oder das mehrfache Eintauchen der Beine in kaltes Wasser muss versucht werden, die aufgestaute Wärme abzuleiten
- ein Hitzschlag ist ein **Notfall** und das Tier sollte auf jeden Fall möglichst schnell einem Tierarzt vorgestellt werden. Es sollte aber auf keinen Fall transportiert werden, bevor es nicht ein wenig heruntergekühlt wurde
- während der Fahrt zum Tierarzt sollte das Kaninchen weiterhin mit nassen Handtüchern bedeckt werden
Eine Fahrt im aufgeheizten Auto sollte vermieden werden. Ideal für den Transport wäre ein Auto mit Klimaanlage.

Beim Tierarzt wird das Kaninchen wahrscheinlich eine Infusion bekommen.
Ist das Tier bereits im Schockzustand, wird eine entsprechende Anti-Schock-Therapie nötig sein.

6.) Woran erkenne ich, ob mein Kaninchen einen Schock hat?

- ein Kaninchen im Schockzustand liegt in Brust-, Bauch- oder Seitenlage
- es ist apathisch und nicht ansprechbar
- die Atmung ist flach und schnell, es kann nur ein flacher Puls getastet werden
- die Schleimhäute (Bindehäute und Maulschleimhaut sind am einfachsten zu

- kontrollieren) sind blass oder bläulich
- außerdem hat das Kaninchen Untertemperatur (gilt nicht bei Hitzschlag)

Ein Schock ist ein lebensbedrohlicher Zustand! Das Tier muss sofort zu einem Tierarzt gebracht werden

7.) Was tue ich, wenn mein Kaninchen Schnupfen hat?

Ist das Kaninchen im Winter im Außenstall, sollte es in einen nur wenig geheizten Raum (Keller wäre ideal) gebracht werden. Dort ist es nicht zu warm, so dass das Tier nach Abheilung des Schnupfens wieder nach draußen gesetzt werden kann, aber auch nicht zu kalt, bzw. windig oder feucht.

Ein Kaninchen mit Schnupfen sollte möglichst schnell einem Tierarzt vorgestellt werden. Dieser wird versuchen, die Ursache für den Schnupfen herauszufinden.

Ist es nicht möglich, schnell einen Tierarzt aufzusuchen, weil es Wochenende/Feiertag ist und der nächste Nottierarzt zu weit entfernt ist, kann mit dem Tier inhaliert werden. Dadurch, dass das Sekret aus der Nase entfernt wird, kann das Tier wieder besser atmen.

Es sollte aber auf jeden Fall am nächsten Werktag ein Tierarzt aufgesucht werden! Verschlechtert sich der Zustand des Tieres trotz Inhalation, sollte schnellstmöglich ein Tierarzt aufgesucht werden und nicht bis zum nächsten Werktag gewartet werden.

Für die Inhalation wird heißes Wasser bereitet und mit Kochsalz (ca. 1 g auf 1 l Wasser) versetzt. Das heiße Wasser wird in eine Schüssel gegeben und das Kaninchen in eine Transportbox gesetzt. Die Schüssel stellt man neben die Box und deckt ein großes Handtuch über Schüssel und Box.

Die Dauer der Inhalation sollte fünf bis zehn Minuten nicht überschreiten.

Das aus der Nase tropfende Sekret sollte vorsichtig abgewischt werden.

Eine Inhalation kann zwei Mal täglich durchgeführt werden.

Ist der Nasenbereich mit eingetrocknetem Sekret verklebt, sollte es mit Kamillentee oder lauwarmem Wasser vorsichtig abgelöst werden.

8.) Was tue ich, wenn mein Kaninchen Atemnot hat?

Da Atemnot nicht nur bei Erkrankungen der Atemwege, wie z.B. ansteckendem Kaninchenschnupfen auftritt, sondern es u.a. auch bei Magenüberladung, Hitzschlag, Myxomatose oder Herzerkrankungen zu Atemnot kommen kann, ist es auf jeden Fall nötig, schnellstmöglich einen Tierarzt aufzusuchen. Dieser wird abklären, wodurch die Atemnot verursacht wird.

Ist die Nase durch Nasenausfluss verklebt, wird das zum Teil eingetrocknete Sekret mit lauwarmem Wasser oder lauwarmem Kamillentee entfernt. Dazu den Kamillentee nach Anweisung zubereiten und abkühlen lassen.

9.) Mein Kaninchen hat Durchfall. Was soll ich tun?

Ein Kaninchen mit Durchfall sollte auf jeden Fall einem Tierarzt vorgestellt werden, wenn der Durchfall länger als einen Tag lang besteht!

Kaninchen sind zwar reinliche Tiere, doch schaffen sie es in der Regel nicht, das durch den Durchfall stark kotverschmutzte Fell selbst zu reinigen.

In diesen Fällen muss das Tier gebadet werden.

Je länger der Durchfall anhält, umso mehr Kot bleibt im Fell kleben. Wird er nicht entfernt, haften nach kurzer Zeit riesige Kotballen an der Haut rund um den After bis hinunter zum Bauch. Dies kann zu einer Entzündung der darunterliegenden Haut führen.

Achtung! Der Gestank des Durchfallkots lockt im Sommer Schmeißfliegen an!

Schmeißfliegen legen ihre Eier in dem kotverschmierten Bereich ab. Die schlüpfenden Maden fressen nicht nur den Kot, sondern auch die Haut mit Unterhaut und darunterliegendem Muskelgewebe und sogar die Schleimhaut des Darms!

Wird das Kaninchen draußen gehalten, sollte zum Schutz vor Schmeißfliegen ein Moskitonetz über dem Stall oder dem Auslauf angebracht werden.

10.) Was tue ich, wenn mein Kaninchen einen Fliegenmadenbefall hat?

Ein Befall mit Fliegenmaden ist ein **Notfall**! Es sollte umgehend ein Tierarzt aufgesucht werden!

Die Maden müssen abgetötet oder entfernt werden, denn sonst kann es zu großflächigen Verletzungen durch den Madenfraß kommen. In solchen Fällen bleibt oft nur dass Einschläfern des Tieres.

11.) Was tue ich, wenn mein Kaninchen eine Zecke hat?

Wenn das Kaninchen eine Zecke hat, sollte diese mit einem geeigneten Instrument (z.B. Zeckenzange) entfernt werden. Dazu wird die Zeckenzange durch Druck auf das obere Ende geöffnet. Die Zangenbacken werden über den Körper der Zecke geschoben, bis sie direkt an der Haut anliegen. Nun wird die Zecke durch vorsichtiges Drehen aus der Haut entfernt.

Die Einbohrstelle sollte mit einem Desinfektionsmittel betupft werden, um Infektionen zu verhindern.

Reißt der Körper der Zecke trotz aller Vorsicht ab und bleibt der Kopf der Zecke in der Haut stecken, sollte versucht werden, mit einer spitzen Pinzette auch noch den Zeckenkopf herauszuziehen. Dies gelingt nicht immer. In der Regel fällt der Rest der Zecke ab, wenn sich die Kruste löst, die sich an der Einbohrstelle gebildet hat.

Will man auf Nummer Sicher gehen, sollte ein Tierarzt aufgesucht werden, der den Rest der Zecke herauszieht.

Ein Tierarzt sollte auch dann aufgesucht werden, wenn sich die Einbohrstelle der Zecke entzündet hat. Die Haut ist dann an dieser Stelle gerötet und warm. Manchmal kommt es zu einer nässenden oder gar eitrigen Entzündung der Haut.

12.) Was tue ich, wenn mein Kaninchen Würmer hat?

Ein Wurmbefall beim Kaninchen muss behandelt werden.
Da erwachsene Würmer jedoch sehr selten mit dem Kot ausgeschieden werden, kann die Diagnose eines Wurmbefall nur durch den Tierarzt erfolgen.

13.) Was tue ich, wenn der Bauch meines Kaninchens aufgebläht ist?

Ein aufgeblähter Bauch beim Kaninchen ist ein **akuter Notfall**. Das Tier sollte so schnell wie möglich einen Tierarzt vorgestellt werden, denn es liegt der Verdacht auf Trommelsucht vor. Dabei ist der Bauch des Tieres straff gespannt. Es ist nicht möglich die Bauchdecke mit den Händen nach innen einzudrücken.
Eine andere Ursache wäre eine Magenüberladung. Dabei ist der Bauch nicht ganz so prall wie bei der Trommelsucht. Auch die Magenüberladung ist ein Notfall, der einen sofortigen Tierarztbesuch nötig macht.

14.) Was tue ich, wenn sich mein Kaninchen einen Zahn abgebrochen hat?

Da beim Kaninchen die Zähne lebenslang nachwachsen, ist ein abgebrochener Zahn kein Drama. Ist der Zahn schräg abgebrochen, sollte das Kaninchen trotzdem einem Tierarzt vorgestellt werden. Er wird den Zahn so korrigieren, dass eine waagerechte Bruchstelle entsteht.
In der folgenden Zeit sollte etwa einmal in der Woche kontrolliert werden, ob der dem abgebrochenen Zahn gegenüberliegende Zahn zu lang wird. Dies kann dadurch passieren, weil er durch den fehlenden Gegenbiss des abgebrochenen Zahns nicht mehr abgerieben wird.
Sollte der gegenüberliegende Zahn zu lang wachsen, muss er vom Tierarzt auf normale Länge gekürzt werden.

Manchmal bricht ein Schneidezahn direkt über dem Zahnfleisch ab. Dies führt zu Blutungen aus dem Maul. Mit Kamille (entweder als Maulspülung mittels einer kleinen Spritze oder durch Auftupfen mit einem Wattestäbchen) kann die Wunde mehrmals täglich desinfiziert werden. Ansonsten gilt das oben gesagte.

15.) Was tue ich, wenn mein Kaninchen unter dem Bauch nass ist oder es keinen Urin mehr absetzen kann?

Ist das Kaninchen unter dem Bauch nass oder hat feuchtes Fell, liegt ein Problem im Bereich des Harnapparates vor. In vielen Fällen handelt es sich dabei um eine Blasenentzündung oder einen Blasenstein, bzw Blasengrieß.
Das Kaninchen sollte einem Tierarzt vorgestellt werden.
Wenn möglich, sollte eine kleine Probe des Urins mit in die Tierarztpraxis gebracht werden.
Bei kastrierten Rammlern kann es sich auch um eine Inkontinenz handeln. Dies bedeutet, dass das Tier unkontrolliert Urin verliert.
Um die Inkontinenz zu diagnostizieren und von einer Blasenentzündung abzugrenzen, sollte das Tier einem Tierarzt vorgestellt werden und eine Urinprobe mitgebracht werden.
Blockiert ein Blasenstein die Harnröhre, kann das Kaninchen keinen Urin absetzen.

Dies ist ein Notfall und das Tier sollte so schnell wie möglich einem Tierarzt vorgestellt werden!

16.) Was tue ich, wenn meine Häsin Scheidenausfluss hat?

Wenn sich die Häsin nicht im Geburtsvorgang befindet, in welchem ein klarer bis blutiger Scheidenausfluss durch das Fruchtwasser bedingt ist, sollte das Tier möglichst schnell einem Tierarzt vorgestellt werden.

Als Ursachen für Scheidenausfluss kommen folgende Erkrankungen infrage:

- eine Verdickung der Gebärmutterschleimhaut, eine Blutansammlung in der Gebärmutter oder blutende Gebärmuttertumoren können zu blutigem Ausfluss führen
- zu wässrigem Scheidenausfluss kommt es bei einer Ansammlung von Flüssigkeit in der Gebärmutter
- schleimiger Scheidenausfluss kommt bei einer Ansammlung von Schleim in der Gebärmutter vor
- bei einer Vereiterung der Gebärmutter kommt es zu eitrigem Ausfluss aus der Scheide. Dies ist ein **Notfall** und das Tier sollte umgehend einem Tierarzt vorgestellt werden!

17.) Meine Häsin ist in der Geburt und presst schon eine längere Zeit, ohne dass ein Junges geboren wird. Was soll ich tun?

In diesem Fall sollte das Kaninchen schnellstmöglich einen Tierarzt vorgestellt werden, besonders, wenn stärkere Blutungen zu beobachten sind.
Wahrscheinlich steckt ein zu großes Jungtier im Geburtskanal fest. Es ist auch möglich, dass ein Jungtier vor dem Becken in der Bauchhöhle liegt und nicht in den Geburtskanal eintreten kann.

> **Ein absoluter Notfall liegt vor, wenn die Häsin schlapp und apathisch wird und/oder ein stinkender blutig-schmieriger Scheidenausfluss auftritt.**

Wahrscheinlich befinden sich ein oder mehrere tote Jungtiere in der Gebärmutter. Dies ist ein potentiell lebensbedrohlicher Zustand für die Häsin! Es darf auf keinen Fall mehr abgewartet werden, sondern es sollte sofort ein Tierarzt aufgesucht werden!
Der Tierarzt wird wahrscheinlich einen Kaiserschnitt durchführen müssen, um das Muttertier zu retten.

18.) Was tue ich, wenn man Kaninchen Augenausfluss hat?

Ein Kaninchen mit Augenausfluss, insbesondere wenn er eitrig ist, sollte einem Tierarzt vorgestellt werden. Vor dem Tierarztbesuch sollte das Auge möglichst nicht ausgewischt werden, damit der Tierarzt sehen kann, ob der Augenausfluss klar, schleimig oder eitrig ist. Außerdem steht so genügend Sekret zur Verfügung, falls eine Tupferprobe in ein Labor eingeschickt werden muss.
Kann der Tierarzt am selben Tag nicht mehr aufgesucht werden, sollte das Auge mit klarem Wasser gereinigt werden. Wird dies versäumt, kommt es zur Verklebung des Sekrets im Fell um die Augen herum. Dies kann zu Fellverlust und Hautentzündungen führen.

> **Achtung! Kamille sollte wegen der augenreizenden Schwebteilchen *nicht* am Auge angewendet werden!**

19.) Was tue ich, wenn sich bei meinem Kaninchen das Auge grau gefärbt hat und sich das Auge vorwölbt?

Es liegt der Verdacht auf Grünen Star vor.

> **Grüner Star ist hoch schmerzhaft und das Tier sollte umgehend einem Tierarzt vorgestellt werden!**

20.) Was tue ich, wenn mein Kaninchen den Kopf schief legt?

Dass das Kaninchen seinen Kopf schief legt, kann zwei Ursachen haben:
Eine Entzündung des Mittelohres oder die sogenannte Schiefhalskrankheit.
In beiden Fällen ist schnellstmöglich der Tierarzt aufzusuchen.

21.) Was tue ich, wenn bei meinem Kaninchen ein Abszess (Eiterbeule) aufgegangen ist?

Kaninchen neigen zu Abszessen. Deshalb ist es nicht selten, dass eine Eiterbeule entdeckt wird. Möglichst sollte der Tierarzt aufgesucht werden, bevor sich der Eiter entleert.
Manchmal passiert es aber, dass ein Abszess zuhause aufgeht. Man sollte versuchen, möglichst viel Eiter herauszudrücken (auf jeden Fall Einmalhandschuhe anziehen!) Das Kaninchen sollte nicht wieder in seine Einstreu gesetzt werden, sondern der Käfig sollte nur mit einem alten Handtuch oder Zeitungspapier ausgelegt werden. Dies ist nötig, damit durch die Streu keine weiteren Bakterien in die Wunde gelangen.
Es sollte so schnell wie möglich ein Tierarzt aufgesucht werden. Er wird die Wunde spülen

und ein Antibiotikum verabreichen.

Es ist wichtig, die Wunde offen zu halten. Sonst wird es dazu kommen, dass sich außen schnell eine Kruste bildet. Sie verhindert, dass Luft an die Wunde gelangt. So können die Bakterien sich wieder gut vermehren. Deswegen wird Ihr Tierarzt Sie darauf hinweisen, dass die Wunde zweimal täglich von der Kruste befreit werden muss (Einmalhandschuhe anziehen!).

In die wieder geöffnete Wunde sollte eine Salbe eingebracht werden.

Außerdem sollte das Tier für mindestens eine Woche einen antibiotischen Saft bekommen.

Es ist nicht Jedermanns Sache, eitrige Wunden zu versorgen. Wenn Sie sich dies nicht zutrauen sollten, sollten Sie mindestens einmal (besser zweimal) täglich zu Ihrem Tierarzt fahren, damit er die Wunde öffnet und versorgt.

Oder das Tier muss für einige Tage in der Tierarztpraxis verbleiben, um optimal versorgt werden zu können.

22.) Was tue ich, wenn mein Kaninchen humpelt?

Zunächst sollte man feststellen, ob das Tier das Bein noch aufsetzen kann, oder ob es auch beim Hoppeln nach oben angezogen wird. Wird das Bein gar nicht mehr aufgesetzt, ist schnellstmöglich ein Tierarzt aufzusuchen (Verdacht auf Bruch oder Auskugelung des Beines).

Tippt das Tier das Bein noch auf, sollte die Gliedmaße auf Verletzungen oder ausgerissene Krallen untersucht werden.

Wird eine frische, nicht klaffende oberflächliche Wunde oder eine ausgerissene Kralle entdeckt, geht man wie in dem Kapitel Was tue ich, wenn sich meine Kaninchen gebissen haben?, beziehungsweise Was tue ich, wenn ich eine Kralle zu kurz geschnitten habe und es angefangen hat zu bluten? vor.

Kann man keine Ursache für das Humpeln entdecken, bzw. bei tiefen und / oder nässenden Wunden sollte man seinen Tierarzt aufsuchen.

23.) Was tue ich, wenn mein Hase seine Hinterbeine nicht mehr bewegen kann?

Wenn ein Kaninchen seine Hinterbeine nicht mehr bewegen kann, liegt der Verdacht auf Kaninchenlähme vor. Es sollte so schnell wie möglich einem Tierarzt vorgestellt werden.

24.) Was tue ich, wenn mein Kaninchen nicht frisst?

Wenn ein Kaninchen einen Tag lang nichts gefressen hat, sollte der Tierarzt aufgesucht werden, um den Grund für die Futterverweigerung festzustellen. Futterverweigerung ist ein unspezifisches Symptom und tritt bei vielen Erkrankungen auf. Oft ist die Futterverweigerung der erste Hinweis, dass mit dem Tier „etwas nicht stimmt". Sie sollte nicht auf die leichte Schulter genommen werden.

Kaninchen unterzuckern sehr schnell, was zu einem lebensbedrohlichen Zustand führen kann. Außerdem haben Kaninchen einen sog. Stopfdarm. Dies bedeutet, dass der Futterbrei im Darm nur dann weitertransportiert wird, wenn „von oben" neue Nahrung nach kommt. Unterbleibt dies, verweilt der Futterbrei im Magen-Darm-Trakt und es kann zu Fehlgärungen mit Aufblähung führen (s. Frage 13).

Hat ein Kaninchen mehrere Stunden nichts gefressen, sollte umgehend mit der Zwangsernährung begonnen werden.

Achtung: Bei Verdacht auf eine Magenüberladung sollte nicht gefüttert werden, sondern es ist umgehend ein Tierarzt zu konsultieren!

25.) Wie führe ich die Zwangsernährung bei meinem Kaninchen durch?

Für die Zwangsernährung eignen sich spezielle Pulver, die mit Wasser zu einem dünnen Brei angerührt werden. Diese Pulver erhalten Sie bei Ihrem Tierarzt.

Babybreie (Sorten Karotte oder Apfel), die mit etwas Wasser verdünnt werden können, können übergangsweise ebenfalls verwendet werden.

Für die Durchführung der Zwangsernährung sollte eine Person das Tier gut festhalten.

Mit einer 2- oder 5 ml - Spritze (beim Tierarzt oder in der Apotheke erhältlich) wird der verdünnte Babybrei oder das angerührte Pulver aufgezogen. Dazu wird die Spitze der Spritze in den Brei gehalten und der Stopfen langsam zurückgezogen. Kann kein Brei in die Spritze gesogen werden, ist dieser zu dickflüssig und sollte mit etwas Wasser verdünnt werden.

Hat man die Spritze gefüllt, wird das vordere Ende mit einer Hand vorsichtig in die seitliche Backentasche des Patienten geschoben. Mit der anderen Hand wird der Kopf von oben umfasst und festgehalten.

Normalerweise beginnt das Tier sofort, auf der Spritze herumzukauen. Nun wird der Stopfen langsam nach unten gedrückt.

Achtung: Darauf achten, dass das Tier Schluckbewegungen macht! Sonst kann es sein, dass der Brei über die Luftröhre in die Bronchien bis zur Lunge gelangt. Dies kann zu Lungenentzündung führen!

Die Zwangsernährung sollte fünf bis acht Mal täglich durchgeführt werden.